English - Ukrainian Vocabulary

Vocabulary building is crucial for kids as it improves communication skills, comprehension, and academic success. This is a gradual process, and using this book can be an excellent starting point for your kids.

To build vocabulary, read together, play word games, practice with flashcards, encourage writing, use the words in daily life, review regularly. It's essential to be patient and persistent with your child as they learn new words.

To watch the video alongside this book, simply go to the website provided on the last page. You may freely access it at your convenience. Let's get started!

vulture #1

страва

octopus #2

восьминога

quail #3

перепел

dolphin #4

дельфін

caterpillar #5

гусениця

rat #6

щур

rooster #7

півень

duck #8

качка

pigeon #9

голуб

owl #10

сова

toad #11

жаба

parrot #12

папуга

fish #13

риба

squid #14

кальм

squirrel #15

білка

tiger #16

тигр

beetle #17

жук

alligator #18

алігатор

reindeer #19

оленя

camel #20

верблюд

ladybug #21

сонечко

dog #22

пес

porcupine #23

дикобраз

kitten #24

кошеня

ant #25

мурашник

hedgehog #26

їжак

lion #27

лев

hippopotamus #28

гіпопотамус

crab #29

краб

stork #30

лелека

dinosaur #31

динозавр

chicken #32

курка

swan #33

лебідь

clam #34

молюск

moth #35

молі

turtle #36

черепаха

ostrich #37

страусинг

shark #38

акула

centipede #39

сорочка

goat #40

козла

mice #41

мишей

goose #42

гусячий

eagle #43

орел

snail #44

равак

spider #45

павук

jellyfish #46
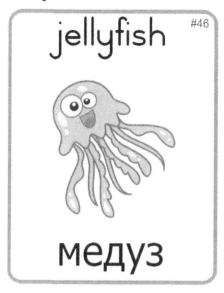
медуз

deer #47

олень

peacock #48

павич

pelican #49

пелікан

hawk #50

яструб

pig #51

свиня

mermaid #52

русерка

frog #53

жаба

fox #54

лисиця

hen #55

курка

worm #56

черв'як

boar #57

кабан

mole #58

моль

dragonfly #59

дракоза

lobster #60

омари

starfish #61

морська морка

mosquito #62

комар

mare #63

кобила

oyster #64

устриця

mouse #65

миша

snake #66

змія

cheetah #67

гепард

sheep #68

овець

walrus #69

морж

monster #70

монстр

butterfly #71

метелик

bee #72

бджола

horse #73

коня

kangaroo #74

кенгуру

whale #75

кит

rabbit #76

кролика

crow #77

ворота

cockroach #78

тарган

lizard #79

ящірка

bird #80

птах

elephant #81

слон

unicorn #82

єдиноріг

cat #83

кіт

puppy #84

цуценя

monkey #85

мавпа

cow #86

корова

grasshopper #87

коник

wasp #88

оса

turkey #89

індичка

insect #90

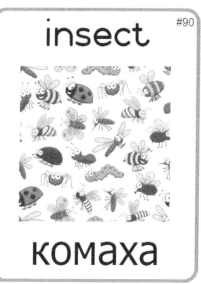

комаха

seagull #91

чайка

dove #92

голуб

sparrow #93

горобець

animal #94

тварина

rock #95

скеля

soil #96

грунт

trash #97

смітник

street #98

вулиця

bridge #99

мост

stone #100

камінь

shelter #101

притулок

grass #102

трава

gate #103

ворота

shower #104

душ

pipe #105

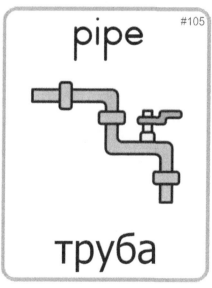

труба

garden #106

сад

room #107

кімната

windmill #108

вітряк

building #109

будівля

gravel #110

гравій

flower #111

квітка

fence #112

огорожа

door #113

дверима

area #114

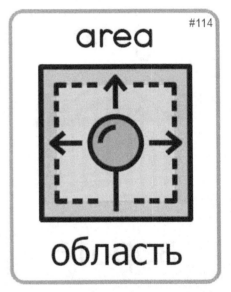

область

puddle #115

калюжа

house #116

будинок

sinks #117

мийка

farm #118

господарство

pool #119

басейн

hall #120

зал

wall #121

стіна

bathroom #122

ванна кімната

curtain #123

завіса

office #124

офіс

chimney #125

димохід

hut #126

хатина

palm #127

долонь

leaf #128

листок

clothesline #129

одягу

garbage #130

сміття

ground #131

земля

tombstone #132

надгробний камінь

field #133

поле

road #134

дорога

dust #135

пил

mud #136

грязь

brick #137

цегляна

faucet #138

кран

tree #139

дерево

roof #140

дах

castle #141

замок

home #142

домашній

boil #143

кип'ятити

create #144

створити

close #145

закривати

discover #146

виявляти

snore #147

хропіти

talk #148

розмова

sick #149

хворий

follow #150

дотримуватися

knit #151

в'язати

respect #152

повага

bite #153

укус

achieve #154

досягати

cook #155

готувати

thank #156

спасибі

clean #157

чистий

climb #158

підйом

dig #159

копати

run #160

пробігати

drink #161

пити

decrease #162

зменшувати

prepare #163

готувати

wait #164

чекати

enjoy #165

насолоджуватися

fry #166

обсмажувати

think #167

думати

smile #168

посміхатися

drill #169

свердлити

beg #170

просити

meet #171

зустрічатися

wash #172

промивати

sleep #173

сплячий

cut #174

вирізати

nap #175

дрімати

angry #176

розлючений

forbid #177

забороняти

avoid #178

уникати

hurt #179

боляче

fly #180

літати

race #181

гонка

write #182

писати

buy #183

купувати

believe #184

вірити

roast #185

обсмажувати

discuss #186

обговорювати

kiss #187

поцілувати

dream #188

мріяти

come #189

прийти

rob #190

пограбувати

invest #191

інвестувати

prevent #192

запобігати

stop #193

стій

remember #194

запам'ятати

jump #195

стрибати

help #196

допомога

build #197

побудувати

play #198

грати

choose #199

вибирати

goodbye #200

до побачення

understand #201

зрозуміти

walk #202

ходити

sing #203

співати

bathe #204

купатися

win #205

перемогти

improve #206

вдосконалення

grow #207

рости

love #208

любов

sit #209

сидіти

eat #210

їсти

develop #211

розвиватися

grill #212

гриль

hug #213

обіймати

protect #214

захищати

wag #215

махати

shake #216

трясти

cry #217

плакати

open #218

відчинено

listen #219

слухати

read #220

читати

laugh #221

сміятися

hello #222

привіт

nibble #223

кусання

bake #224

випікати

crawl #225

повзати

receive #226

отримувати

tame #227

приручений

prefer #228

віддавати перевагу

hide #229

сховати

give #230

давати

sketch #231

замальовка

sew #232

шити

solve #233

вирішити

smell #234

запах

speak #235

говорити

celebrate #236

відсвяткувати

clap #237

плескати

teach #238

навчати

violin #239

скрипка

guitar #240

гітара

piano #241

фортепіано

music #242

музика

drum #243

барабан

zero
#244
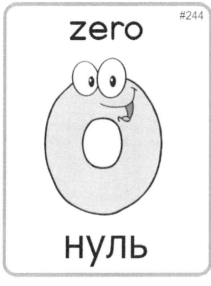
нуль

one
#245

один

two
#246

два

three
#247

три

four
#248

чотири

five
#249

п'ять

six
#250

шість

seven
#251

сім

eight
#252

вісім

nine #253

дев'ять

ten #254

десять

eleven #255

одинадцять

twelve #256

дванадцять

thirteen #257

тринадцять

fourteen #258

чотирнадцять

fifteen #259

п'ятнадцять

sixteen #260

шістнадцять

seventeen #261

сімнадцять

eighteen #262

вісімнадцять

nineteen #263

дев'ятнадцять

twenty #264

двадцять

twenty one #265

21

двадцять один

twenty two #266

22

двадцять два

twenty three #267

23

двадцять три

twenty four #268

24

двадцять чотири

twenty five #269

25

двадцять п'ять

twenty six #270

26

двадцять шість

twenty seven #271

27

двадцять сім

twenty eight #272

28

двадцять вісім

twenty nine #273

29

двадцять дев'ять

thirty #274

30

тридцять

thirty one #275

31

тридцять один

thirty two #276

32

тридцять два

thirty three #277

33

тридцять три

thirty four #278

34

тридцять чотири

thirty five #279

35

тридцять п'ять

thirty six #280

36

тридцять шість

thirty seven #281

37

тридцять сім

thirty eight #282

38

тридцять вісім

thirty nine #283

39

тридцять дев'ять

forty #284

40

сорок

forty one #285

41

сорок один

forty two #286

42

сорок два

forty three #287

43

сорок три

forty four #288

44

сорок чотири

forty five #289

45

сорок п'ять

forty six #290

46

сорок шість

forty seven #291

47

сорок сім

forty eight #292

48

сорок вісім

forty nine #293

49

сорок дев'ять

fifty #294

50

п'ятдесят

fifty one #295

51

п'ятьдесят-один

fifty two #296

52

п'ятьдесят-два

fifty three #297

53

п'ятьдесят-три

fifty four #298

54

п'ятьдесят-чотири

fifty five #299

55

п'ятдесят п'ять

fifty six #300

56

п'ятдесят шість

fifty seven #301

57

п'ятдесят сім

fifty eight #302

58

п'ятдесят вісім

fifty nine #303

59

п'ятдесят дев'ять

sixty #304

60

шістдесят

sixty one #305

61

шістдесят один

sixty two #306

62

шістдесят два

sixty three #307

63

шістдесят три

sixty four #308

64

шістдесят чотири

sixty five #309

65

шістдесят п'ять

sixty six #310

66

шістдесят шість

sixty seven #311

67

шістдесят сім

sixty eight #312

68

шістдесят вісім

sixty nine #313

69

шістдесят дев'ять

seventy #314

70

сімдесят

seventy one #315

71

сімдесят один

seventy two #316

72

сімдесят два

seventy three #317

73

сімдесят три

seventy four #318

74

сімдесят чотири

seventy five #319

75

сімдесят п'ять

seventy six #320

76

сімдесят шість

seventy seven #321

77

сімдесят сім

seventy eight #322

78

сімдесят вісім

seventy nine #323

79

сімдесят дев'ять

eighty #324

80

вісімдесят

eighty one #325

81

вісімдесят одна

eighty two #326

82

вісімдесят дві

eighty three #327

83

вісімдесят три

eighty four #328

84

вісімдесят чотири

eighty five #329

85

вісімдесят п'ять

eighty six #330

86

вісімдесят шість

eighty seven #331

87

вісімдесят сім

eighty eight #332

88

вісімдесят вісім

eighty nine #333

89

вісімдесят дев'ять

ninety #334

90

дев'яносто

ninety one #335

91

дев'яносто один

ninety two #336

92

дев'яносто два

ninety three #337

93

дев'яносто три

ninety four #338

94

дев'яносто чотири

ninety five #339

95

дев'яносто п'ять

ninety six #340

96

дев'яносто шість

ninety seven #341

97

дев'яносто сім

ninety eight #342

98

дев'яносто вісім

ninety nine #343

99

дев'яносто дев'ять

hundred #344

100

СОТНЯ

thousand #345

1000

ТИСЯЧА

cauliflower #346

цвітна капуста

lychee #347

лічі

corn #348

кукурудза

seafood #349

морепродукт

food #350

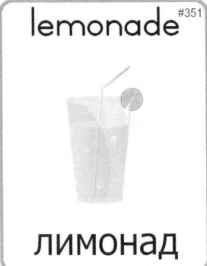

їжа

lemonade #351

лимонад

broccoli #352

брокколі

sausage #353

ковбаса

icecream #354

морозиво

garlic #355

часниковий

juice #356

сік

radish #357

редька

onion #358

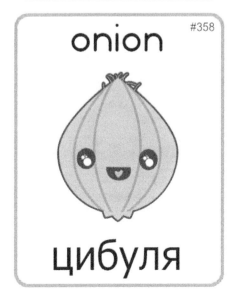

цибуля

raspberry #359

малина

meat #360

м'ясо

apple #361

яблук

beer #362

пиво

bread #363

хліб

popsicles #364

ескіз

breakfast #365

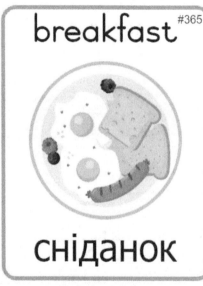

сніданок

tuna #366

тунець

rice #367

рис

wheat #368

пшениця

noodles #369

локшина

sugar #370

цукор

chocolate #371

шоколад

potato #372

картопля

salt #373

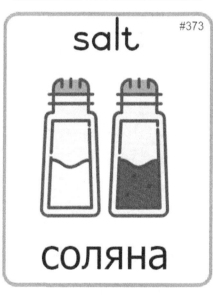

соляна

dinner #374

вечеря

milk #375

молоко

pear #376

груша

plum #377

слива

spinach #378

шпинат

wine #379

вино

eggplant #380

баклажан

cucumber #381

огірок

carrot #382

морква

candy #383

цукерка

shrimp #384

креветка

cheese #385

сир

yogurt #386

йогурт

coconut #387

кокос

meal #388

їжа

medicine #389

ліки

pineapple #390

ананас

cake #391

торт

pumpkin #392

гарбуз

banana #393

банан

coffee #394

кава

bean #395

квасоля

peanut #396

арахіс

fruit #397

фрукти

cabbage #398

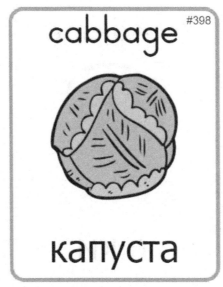

капуста

vegetable #399

овочевий

strawberry #400

полуниця

lime #401

вапно

honey #402

мед

pie #403

пиріг

egg #404

яйце

celery #405

селера

tomato #406

помідор

lettuce #407

салат

soup #408

суп

lemon #409

лимон

turnip #410

ріпа

grape #411

виноград

salad #412

салат

ham #413

шинка

mushroom #414

гриб

cookie #415

печиво

peas #416

горох

pepper #417

перець

watermelon #418

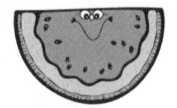

кавун

asparagus #419

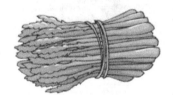

спаржа

apricot #420

абрикос

jam #421

забивання

tea #422

чай

sunflower #423

соняшник

peach #424

персик

water #425

вода

pomegranate #426

гранат

tangerine #427

мандарин

rocket #428

ракета

motorcycle #429

мотоцикл

vehicle #430

транспортний засіб

airplane #431

літак

ship #432

корабель

truck #433

вантажівка

train #434

дістатися

bicycle #435

велосипед

barrow #436

курган

sailboat #437

вітриль

plane #438

площина

scooter #439

скутер

wagon #440

фура

boat #441

човен

parachute #442

парашут

car #443

машина

subway #444

метро

submarine #445

підводний човен

helicopter #446

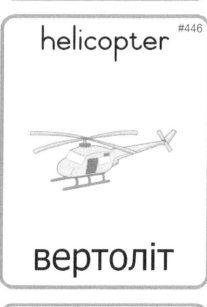

вертоліт

ferry #447

поперек

wig #448

перука

chest #449

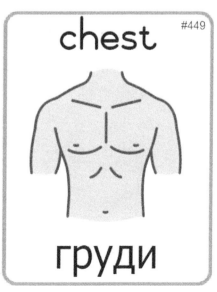

груди

thumb #450

великий

tooth #451

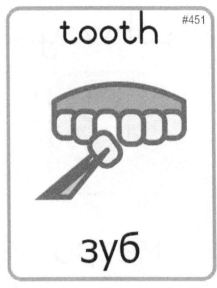

зуб

head #452

голова

feet #453

стоп

shoulder #454

плече

cheeks #455

щоки

knees #456

коліна

stomach #457

шлунок

forehead #458

лоб

tail #459

хвіст

fin #460

плавник

muscle #461

м'яз

teeth #462

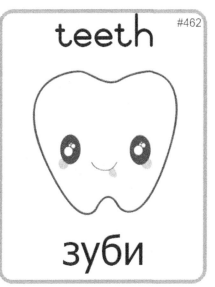

зуби

mouth #463

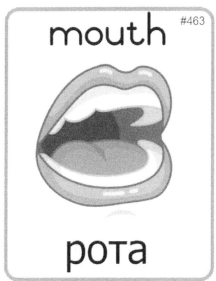

рота

lips #464

губи

leg #465

нога

shoulders #466

плечі

legs #467

ноги

bone #468

кістка

elbow #469

лікоть

waist #470

талії

face #471

обличчя

toes #472

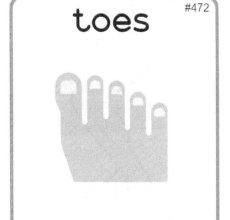

пальці

eyebrows #473

брови

wing #474

крила

hair #475

волосся

ear #476

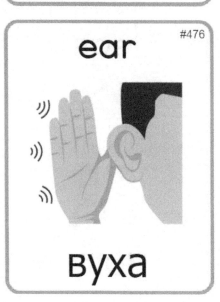

вуха

glue #477

клей

body #478

тіло

heart #479

серце

foot #480

стоп

hips #481

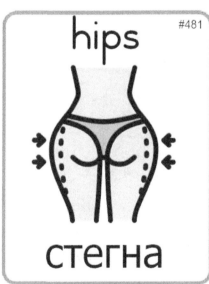

стегна

brain #482

мозок

hands #483

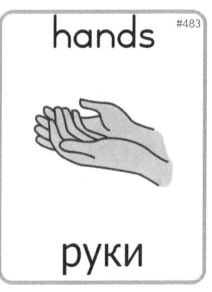

руки

chin #484

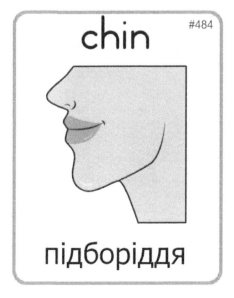

підборіддя

tongue #485

язик

throat #486

горло

blood #487
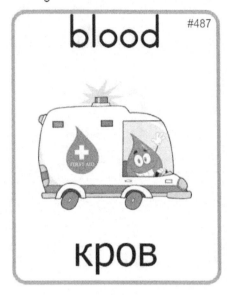
кров

hip #488
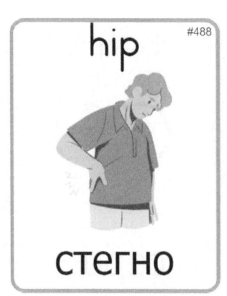
стегно

nose #489
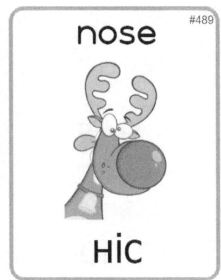
ніс

eye #490

око

beard #491

борода

neck #492
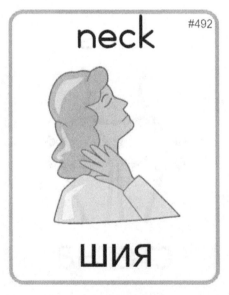
шия

racket #493

ракетка

football #494

футбол

fight #495

бити

dance #496

танцювати

wrestling #497

боротьба

boxing #498

бокс

cycling #499

велосипед

dumbbells #500

гантеля

team #501

команда

gymnastics #502

гімнастика

timer #503

таймер

archery #504

лука

hopping #505

стрибаючий

jogging #506

біг

fishing #507

риболовля

surfing #508

серфінг

driving #509

водіння

swimming #510

плавання

soccer #511

футбол

ride #512

їздити

dive #513

занурювати

kite #514

змій

climbing #515

сходження

monday #516

понеділок

sunday #517

неділя

friday #518

п'ятниця

wednesday #519

середа

thursday #520

четвер

tuesday #521

у вівторок

saturday #522

субота

police #523

поліція

queen #524

королева

president #525

президент

boss #526

бос

princess #527

принцеса

pharmacist #528

фармацевт

carpenter #529

столяр

baker #530

пекар

pirate #531

пірат

photographer #532

фотограф

king #533

король

miner #534

шахтар

butcher #535

м'ясник

knight #536

лицар

nurse #537

годувати

chef #538

шеф -кухар

secretary #539

секретар

waiter #540

офіціант

optician #541

оптик

bishop #542

єпископ

veterinarian #543

ветеринар

musician #544

музикант

witch #545

відьма

artist #546

художник

ghost #547

привид

cashier #548

касир

fisherman #549

рибалка

leader #550

лідер

army #551

армія

barber #552

перукар

doctor #553

лікар

writer #554

письменник

driver #555

водій

lawyer #556

юрист

cop #557

копію

actor #558

актор

entrepreneur #559

підприємець

farmer #560

фермер

magician #561

чарівник

politician #562

політик

policeman #563

міліціонер

maid #564

покоївка

plumber #565

сантехнік

angel #566

ангел

accountant #567

бухгалтер

bartender #568

бармен

judge #569

судити

hairdresser #570

перукар

receptionist #571

портьє

florist #572

флорист

teacher #573

викладач

singer #574

співачка

pink #575

color the word and
the picture in pink

pink

рожевий

yellow #576

color the word and
the picture in pink

yellow

жовтий

white #577

color the word and
the picture in pink

white

білий

green #578

color the word and
the picture in pink

green

зелений

red #579

червоний

brown #580

color the word and
the picture in pink

brown

коричневий

gray #581

color the word and
the picture in pink

gray

сірий

blue #582

color the word and
the picture in pink

blue

блакитний

daughter #583

дочка

friend #584

друг

mom #585

мама

boyfriend #586

хлопець

aunt #587

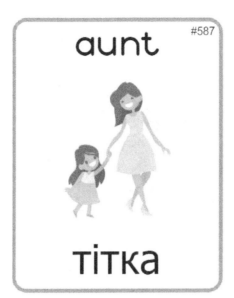

тітка

father #588

батько

grandson #589

онук

stepmother #590

мачуха

nephew #591

племінник

stepson #592

пасинок

girl #593

дівчинка

child #594

дитина

son #595

син

mother #596

мама

granddaughter #597

внучка

kids #598

дітям

brother #599

брат

man #600

людина

children #601

дітям

boy #602

хлопчик

wife #603

дружина

dad #604

тато

member #605

член

toddler #606

малюк

cousin #607

двоюрідний брат

grandmother #608

бабуся

group #609

група

kid #610

дитячий

niece #611

племінниця

family #612

сім'я

uncle #613

дядько

girlfriend #614

подруга

sister #615

сестра

lady #616

леді

stepdaughter #617

пасинка

woman #618

жінка

people #619

люди

year #620

рік

morning #621

ранковий

night #622

нічний

month #623

місяць

midnight #624

опівночі

autumn #625

осінь

week #626

тиждень

day #627

день

date #628

дата

noon #629

полудень

time #630

час

refrigerator #631

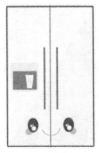

холодильник

backpack #632

рюкзак

boot #633

черевик

cage #634

клітка

strainer #635

ситечко

spatula #636

шпатель

hat #637

шапка

candle #638

свічка

lamp #639

лампа

mask
#640

маска

lantern
#641

ліхтар

trousers
#642

брюки

pants
#643

штани

wallet
#644

гаманець

clock
#645

годинник

jacket
#646

куртка

vaccine
#647

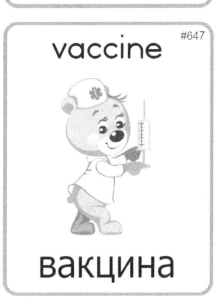

вакцина

sweater
#648

светр

kitchen #649

кухня

mug #650

кухоль

apron #651

фартух

bowl #652
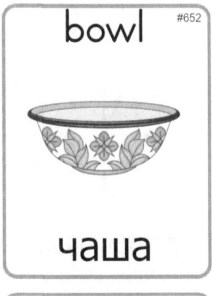
чаша

spoon #653

ложка

toilet #654
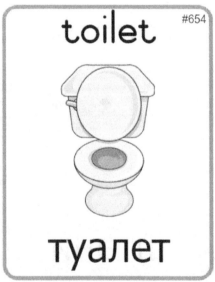
туалет

undershirt #655

підрозділ

toothpaste #656

зубна паста

slippers #657

тапочки

skirt #658

спідниця

pillow #659

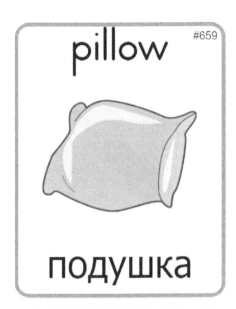

подушка

paper #660

паперовий

bag #661

мішок

cash #662

готівка

towel #663

рушник

fork #664

виделка

dish #665

блюдо

phone #666

телефон

napkin #667

серветка

screwdriver #668

викрутка

helmet #669

шолом

closet #670

шафа

collar #671

комір

necklace #672

намисто

stapler #673

штапель

carpet #674

килим

bed #675
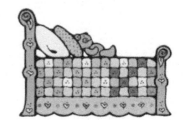
ліжко

table #676

стіл

wood #677

деревина

ax #678

сокира

gun #679

рушниця

raincoat #680

плащ

bookshelf #681

книжкова полиця

jug #682

глечик

bottle #683

пляшка

comb #684

гребінець

key #685

ключ

pitcher #686

глечик

curtains #687

штори

machine #688

машина

lightbulb #689

лампочка

calendar #690

календар

basket #691

кошик

ladder #692

драбина

tray #693

лоток

shovel #694

лопати

silk #695

шовк

belt #696

пояса

bomb #697

бомба

bassinet #698

басінет

blanket #699

ковдра

saucer #700

блюдця

oven #701

духовка

paintbrush #702

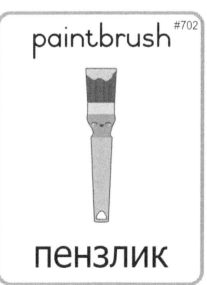

пензлик

umbrella #703

парасолька

cleanser #704

очищувач

coat #705

покриття

cushion #706

подушка

bucket #707

відро

microphone #708

мікрофон

glass #709

скляний

box #710

коробка

oil #711

нафта

money #712

гроші

flag #713

прапор

cap #714

шапка

calculator #715

калькулятор

barrel #716

бочка

pin #717

шпилька

cup #718

чашка

kettle #719

чайник

dictionary #720

словник

teacup #721

чашка

tool #722

інструмент

scarf #723

шарф

pearls #724

перлини

soap #725

мила

bin #726

смітник

tent #727

намет

bowtie #728

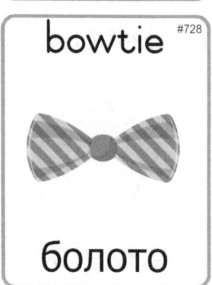

болото

bouquet #729

букет

cactus #730

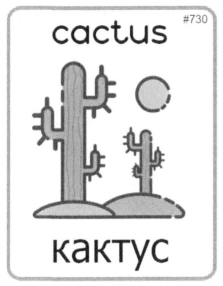

кактус

picture #731

картина

photo #732

фото

utensils #733

посуд

compass #734

компас

yarn #735

пряжа

tire #736

шина

socks #737

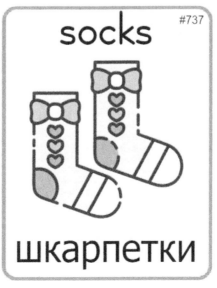

шкарпетки

telephone #738

телефон

mat #739

КИЛИМОК

rug #740

КИЛИМ

notebook #741

ЗОШИТ

vest #742

жилет

engine #743

ДВИГУН

wrench #744

гайковий ключ

mirror #745

дзеркало

brush #746

КИСТЬ

bedroom #747

спальня

diamond #748

алмаз

toy #749

іграшка

glove #750

рукавичка

pencil #751

олівець

ink #752

чорнило

chair #753

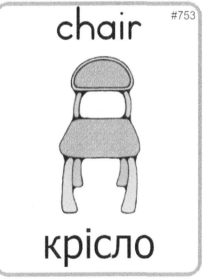

крісло

crayons #754

олівці

bookcase #755

шафа

earring #756

сережка

syringe #757
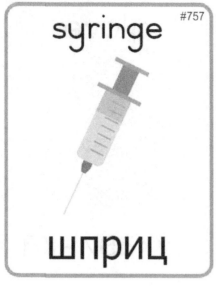
шприц

pen #758

ручка

pliers #759
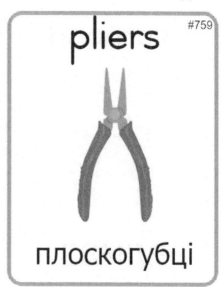
плоскогубці

dress #760

плаття

prize #761

приз

razor #762
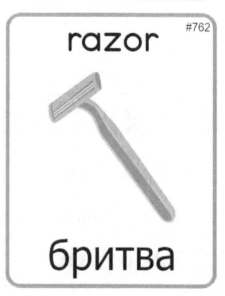
бритва

briefcase #763

портфель

plate #764

тарілка

underpants #765

переноски

alcohol #766

алкоголь

teapot #767

чайник

lid #768

кришка

newspaper #769

газета

rope #770

мотузка

microscope #771

мікроскоп

ruler #772

правитель

dice #773

кубик

pot #774

каструль

shoes #775

взуття

cupboard #776

шафа

chalkboard #777

дошка

device #778

пристрій

cot #779

ліжко

shirt #780

сорочка

typewriter #781

друкарська машинка

rake #782

граб

clothes #783
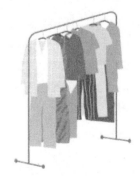
одяг

knife #784

ніж

television #785

телевізор

telescope #786

телескоп

doll #787

лялька

pacifier #788

пустушник

seeds #789

насіння

suitcase #790

валіза

fan #791

фанат

gasoline #792

бензин

wreath #793

вінок

diaper #794

пелюшка

bathtub #795

ванна

letter #796

літер

stockings #797

панчохи

shorts #798

шорти

pan #799

каструль

torch #800

смолоскип

scissors #801

ножиці

toothbrush #802

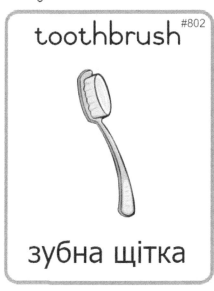

зубна щітка

metal #803

метал

magazine #804

журнал

crayon #805

олівець

book #806

книга

equipment #807

обладнання

window #808

вікно

hanger #809

вішалка

lipstick #810

помада

gift #811

подарунок

cabinet #812

шафа

bracelet #813

браслет

camera #814

камера

bell #815

дзвоник

stove #816

плита

fireplace #817

камін

pajamas #818

піжама

broom #819

мітка

chainsaw #820

бензопила

handkerchief #821
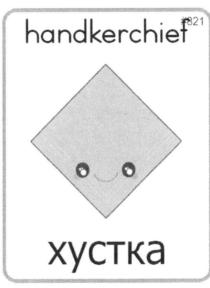
хустка

map #822
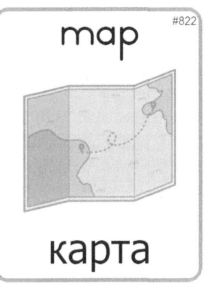
карта

eraser #823

гумка

desk #824

стіл

library #825

бібліотека

supermarket #826

супермаркет

beach #827

пляжний

grocery #828

продуктовий продукт

desert #829

пустеля

town #830

місто

lighthouse #831

маяк

lab #832

лабораторія

market #833

ринок

highway #834

шосе

city #835

місто

airport #836

аеропорт

apartment #837

квартира

village #838

село

jungle #839

джунглі

hill #840

пагорб

dam #841

дамба

shop #842

магазин

hospital #843

лікарня

school #844

школа

classroom #845

аудиторія

cafe #846

кафе

factory #847

фабрика

estate #848

садиба

island #849

острів

university #850

університет

fresh #851

свіжий

good #852

добрий

mad #853

шалений

smelling #854

запах

stylish #855

стильний

joyful #856

радісний

impress #857

вражати

fat #858

жир

unhappy #859

нещасний

shy #860

сором'язливий

stack #861

стек

big #862

великий

under #863

під

sleepy #864

сонний

cute #865

милий

bored #866

нудний

proud #867

гордий

up #868

вгору

delicious #869

смачний

happy #870

щасливий

friendly #871

дружній

stinky #872

смердючий

sad #873

сумний

pretty #874

гарненький

scary #875

страшний

bad #876

поганий

aggressive #877

агресивний

strong #878

сильний

goal #879

ціль

energy #880

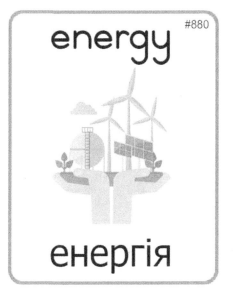

енергія

evil #881

зло

activity #882

діяльність

ability #883

здатність

revenue #884

дохід

direction #885

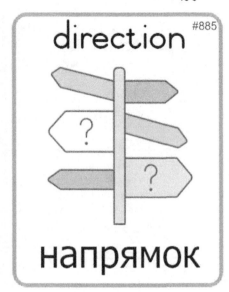

напрямок

data #886

дані

idea #887

ідея

safety #888

безпека

economics #889

економіка

education #890

освіта

question #891

питання

investment #892

інвестиції

fact #893

факт

health #894

здоров'я

friendship #895

дружба

knowledge #896

знання

history #897

історія

security #898

безпека

profit #899

прибуток

anxiety #900

тривога

exam #901

іспит

theory #902

теорія

technology #903

технологія

freedom #904

свобода

wealth #905

багатство

entertainment #906

розвага

society #907

суспільство

moon #908

місяць

earth #909

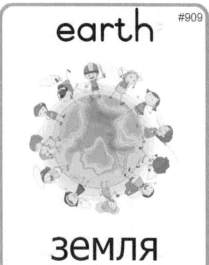

земля

lake #910

озеро

sea #911

море

heat #912

спека

volcano #913

вулкан

smoke #914

палити

disaster #915

катастрофа

sound #916

звук

coast #917

узбережжя

loud #918

гучний

temperature #919

температура

summer #920

літо

atmosphere #921

атмосфера

windy #922

вітряний

snowflake #923

сніжинка

humid #924

вологий

dawn #925

світанок

sunny #926

сонячний

rainbow #927

веселка

quiet #928

спокійно

location #929

місцезнаходження

rain #930

дощ

thunder #931

грім

steam #932

пара

nature #933

природа

climate #934

клімат

stormy #935

бурхливий

river #936

річка

snowy #937

сніговий

hot #938

гарячий

wet #939

мокрий

sun #940

сонце

foggy #941

туманний

cloudy #942

хмарний

rainy #943

дощовий

cold #944

холодний

star #945

зірка

wave #946

махати

snow #947

сніг

mountain #948

гора

world #949

світ

chemistry #950

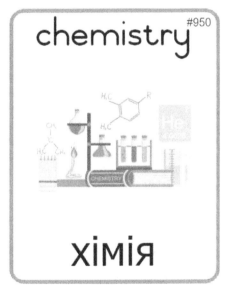

хімія

message #951

повідомлення

art #952

мистецтво

song #953

пісня

disease #954

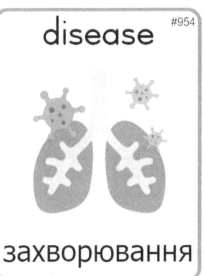

захворювання

paint #955

малювати

triangle #956

трикутник

passenger #957

пасажир

language #958

мова

christmas #959

різдвяний

point #960

точка

customer #961

замовник

circle #962

кола

user #963

користувач

bubble #964

міхур

government #965

уряд

sculpture #966

скульптура

news #967

НОВИНИ

scale #968

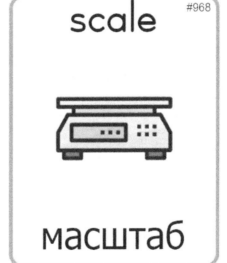

масштаб

error #969

помилка

funeral #970

похорон

arrow #971

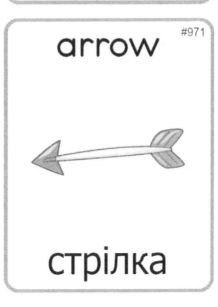

стрілка

income #972

дохід

signature #973

підпис

homework #974

домашня робота

ice #975

крижаний

movie #976

фільм

birthday #977

день народження

wedding #978

весілля

fire #979

вогонь

country #980

країна

math #981

математика

octagon #982

восьмикутник

square #983
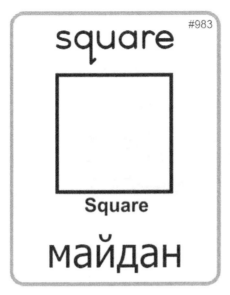
майдан

law #984

закон

dirt #985

бруд

winner #986

переможець

wheel #987

колесо

painting #988

малювання

company #989

компанія

cube #990
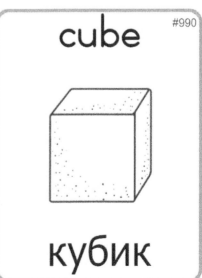
кубик

pair #991

пара

war #992

війна

game #993

грі

package #994

пакет

product #995

продукт

debt #996

борг

number #997

число

industry #998

промисловість

story #999

розповідь

worker #1000

працівник

1000VocabularyBuilderforKids.com

Made in the USA
Las Vegas, NV
26 April 2024

89179017R00063